Le chemin qui conduit au Palais de Science est difficile, mais l'abord en est heureux.

LE PETIT QUADRILLE

DES ENFANS.

ABÉCÉDAIRE

Où l'on a Réuni tout ce qui a Paru Meilleur dans les autres.

Par Mad.. Institutrice.

II.e Édition.

à Paris,

à la Librairie D'éducation de Pierre BLANCHARD.

Passage Montesquieu, N.º 1, au 1.er

LE
PETIT QUADRILLE
DES ENFANS;
Abécédaire

AVEC DES LEÇONS DE LECTURE

GRADUÉES SUIVANT LES DIFFICULTÉS;

PAR MADAME ***, INSTITUTRICE.

DEUXIÈME ÉDITION.

PARIS,

A LA LIBRAIRIE DE L'ENFANCE ET DE LA JEUNESSE,
CHEZ PIERRE BLANCHARD,
Galerie Montesquieu, n° 1, au premier.

1825.

but de cette méthode, faite par une mère de famille qui en a éprouvé les heureux résultats envers les jeunes enfans qu'elle a instruits.

~~~~~~~

AVERTISSEMENT *pour faciliter la mnémonie des planches.*

L'Instituteur aura soin de faire nommer les gravures à l'enfant, en lui faisant contrefaire l'écho, de sorte que le *bas*, se prononcera *bas a*, l'*abbé*, *abbé*, *bé*, *pensée*, *ée*, etc.

Il sera nécessaire aussi que l'instituteur explique *verbalement* à l'élève les premiers principes de la langue française.

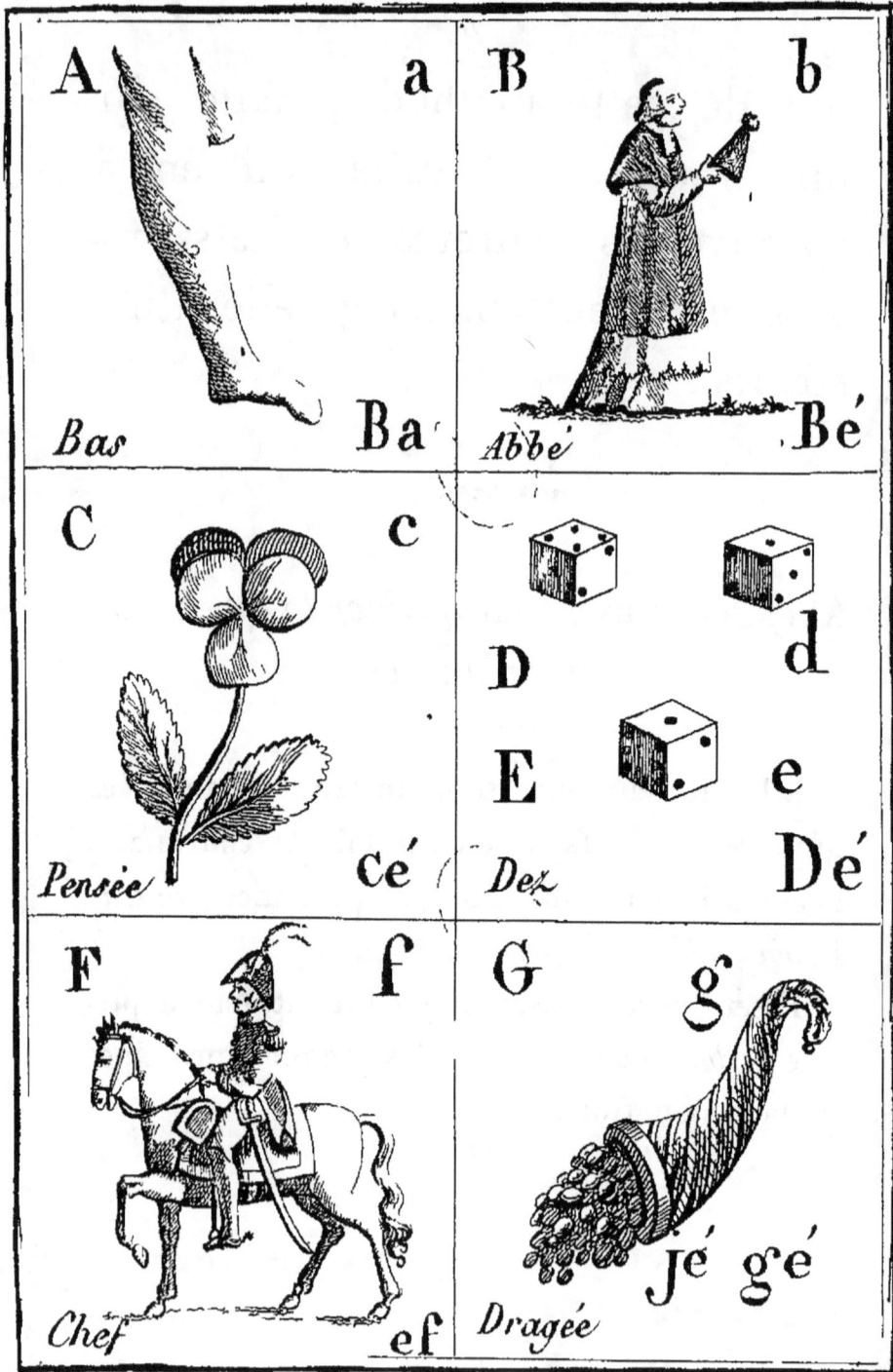

A a	B b
C c	D d
E e	F f
G g	H h
I i J j	K k
L l	M m

N n	O o
P p	Q q
R r	S s
T t	U u
V v	X x
Y y	Z z

a	*b*	*c*	*d*
e	*f*	*g*	*h*
i j	*k*	*l*	*m*
n	*o*	*p*	*q*
r	*s*	*t*	*u*
v	*x*	*y*	*z*

LES CINQ VOYELLES.

ouvert. fermé.

a e i o u è é

PREMIÈRE LECTURE.

Ba	be	bé	bè	bi	bo	bu	ba
Da	de	dé	dè	di	do	du	da
Fa	fe	fé	fè	fi	fo	fu	fa
Ja	je	jé	jè	ji	jo	ju	ja
Ka	ke	ké	kè	ki	ko	ku	ka
La	le	lé	lè	li	lo	lu	la
Ma	me	mé	mè	mi	mo	mu	ma
Na	ne	né	nè	ni	no	nu	na
Ra	re	ré	rè	ri	ro	ru	ra
Sa	se	sé	sè	si	so	su	sa
Ta	te	té	tè	ti	to	tu	ta
Va	ve	vé	vè	vi	vo	vu	va
Za	ze	zé	zè	zi	zo	zu	za

ba-le,	ba	da	ba di ne,
pa-pa,	fe	je	sa la de,
rô-ti,	lé	né	pa ru re,
ma-ri,	nè	rè	ma da me,
do-du,	so	to	fa ri ne,
sa-lé,	vu	su	vo lu me,
mi-di,	zi	zu	ma ri na de,
ju-pe,	fa	ja	pe ti te,
ra-ve,	le	me	le, ma ri é,
pe-ti,	né	ré	la, lu ne,
po-li,	sè	lè	u ne, fè ve,
ro-be,	vo	so	le, do do,

Mélanges de la première lecture.

Pa pa, ma, bon ne, ma, mè re, ma, pe ti te, zi zi, fe ra, sa, ro be, li li ne, a, ri, pa pa, la, pu ni ra, fi fi, a, é té, pu ni, a, mi di, le, da da, a, la, tê te, pe ti te, na ni ne, a, lu, sa, ro be, se ra, jo li e.

DEUXIÈME LECTURE.

| Ha | he | hé | hè | hi | ho | hu |
a	e	é	è	i	o	u
qua	que	qué	què	qui	quo	
ca	—	—	—	—	co	cu
ka	ke	ké	kè	ki	ko	ku
ça	ce	cé	cè	ci	ço	çu
sa	se	sé	sè	si	so	su
ga	—	—	—	—	go	gu
gua	gue	gué	guè	gui	guo	—
gea	ge	gé	gè	gi	geo	
ja	je	jé	jè	ji	jo	ju
pha	phe	phé	phè	phi	pho	phu
fa	fe	fé	fè	fi	fo	fu
ia	ie	ié	iè	—	io	iu
ya	ye	yé	yè	—	yo	yu
xa	xe	xé	xè	xi	xo	xu

ha	ha bi le | ha bi tu de |
ca	ca fé | co mé die | cu ré |
ço	fa ça de | fa ço né | re çu |
que	co mi que | u ni que |
ga go	ba ga ge | ga li o te | go me
ge gi	ga re | gi go | ju ge | gî te
gue gui	ba gue | fi gue | gui de |
gea geo	geo li er | fi gu re | ju gea
ie	jo lie | a mi e | rô ti e |
pha	so pha | phi lo so phe |
pho	phi si que | so phie |

∽∽∽∽∽∽

Mélanges de la deuxième lecture.

Le | gi got | se ra | rô ti | à | mi di | le | cu ré | a | du | ca fé | mo ka | ca ma ra de | la | ce ri se | de co co | se | gâ te | i ci | à | l'é co le |

E li sa | se ra | du ma ri a ge | de Ju li e | ma | ba gue | te | se ra | pe ti te | fi â | a | ca jo lé | le | pe ti | Ju le |

TROISIÈME LECTURE.

On fera sentir par comparaison la différence de la consonne, avant ou après la voyelle.

Ab	eb	ib	ob	ub
ba	be	bi	bo.	bu
ad	ed	id	od	ud
da	de	di	do	du
af	ef	if	of	uf
fa	fe	fi	fo	fu
al	el	il	ol	ul
la	le	li	lo	lu

ap	ep	ip	op	up
pa	pe	pi	po	pu
ar	er	ir	or	ur
ra	re	ri	ro	ru
as	es	is	os	us
sa	se	si	so	su
at	et	it	ot	ut
ta	te	ti	to	tu
ac	ec	ic	oc	uc
ca	ce	ci	co	cu
aque	eque	ique	oque	—
qua	que	qui	quo	—
ag	eg	ig	og	ug
ga	ge	gi	go	gu
aj	ej	ij	oj	uj
ja	je	ji	jo	ju

Mélanges de la troisième lecture.

Ad mi rer | ab so lu | ob te nu | ta bac | ha mac | har pie | her be | har di e | or du re | Ar mi de | ar me | al co ve | ab sor bé | as pi re | es pè re | ob ser vé | hor lo ge | sac | Ma roc | sec | a vec | bec | pic | ric-rac | luc | al lu mé | ar ri vé e. | Le mur se ra, rac co mo dé | il se ra, ob ser vé | tu, ar ri ve ras, a vec, ta, pe ti te, So phie | A li ne, te, fe ra, u ne, far ce | Fé lix, a, u ne, pe ti te, pi pe, de, ta bac | le, ha mac, du, ma te lot | le sac, de, Ja quot | Mar gue ri te, a, la, tê te, com me le sac de Zo é |

QUATRIÈME LECTURE.

Bra	bre	bré	brè	bri	bro	bru
Dra	dre	dré	drè	dri	dro	dru
Cra	cre	cré	crè	cri	cro	cru
Fra	fre	fré	frè	fri	fro	fru
Gra	gre	gré	grè	gri	gro	gru
Tra	tre	tré	trè	tri	tro	tru
Pra	pre	pré	prè	pri	pro	pru
Vra	vre	vré	vrè	vri	vro	vru
Bla	ble	blé	blè	bli	blo	blu
Cla	cle	clé	clè	cli	clo	clu
Fla	fle	flé	flè	fli	flo	flu
Gla	gle	glé	glè	gli	glo	glu
Pla	ple	plé	plè	pli	plo	plu
Cta	cte	cté	ctè	cti	cto	ctu
Sta	ste	sté	stè	sti	sto	stu
Cha	che	ché	chè	chi	cho	chu
Gna	gne	gné	gnè	gni	gno	gnu
Psa	pse	psé	psè	psi	pso	psu

pro	pro bi té	pra li ne	
dra	dra gée	ci dre	ca dre
bri	bri o che	bri de	
che	va che	chu te	che mi n ée
frè	frè re	fri re	
cra	é cri re	cre vé	cra qué
tru	truf fe	trop	

---

bla	blâ mer	gla ner	rè gle
fle	fla me	ta ble	glo be
pli	pla ce	nê fle	pla ti ne
gne	gui gne	ga gne	Al le ma gne
sto	spé cu ler	spec ta cle	
cha	cha pi tre	Char le	
thé	Thé o phi le	or tho gra phe	
ha	hô tel	har pe	herbe

Es cla ve, per du, a vec, le

che val, le, ba di na ge, sup pri mé, obs ta cle, le vé, à, mi di, le, drô le, de, zo zo.

L'apostrophe.

Faire sentir par comparaison la voyelle supprimée.

Le a mi, l'a mi, le a ni mal, l'a ni mal, je ai me, j'ai me, il me ob ser ve, il m'ob ser ve, il te a mu se, il t'a mu se, la a mi tié, l'a mi tié.

Exercice des lectures précédentes.

Prévenir que le *t* final est nul.

A de li ne, a, une, pra li ne. co co, a, pris, le, cho co lat. L'a bri cot, se ra, gâ té, si, tu, le, ti res, du, pa ni er.

Co ra lie, a, une, dra gée jo

lie. L'ha bit, de, Char les, se, dé chi re. Ma, har pe, se ra, per- due. Je, me, fâ che, si, tu, ris, du, chat. Vic to ri ne, por te ra, la, ta ble. Po li chi nel, fe ra, cri er, Mar got. Le, che val, dor mi ra, à, l'é cu rie.

Le, par vis, No tre, Da me. Char les, dé chi re, sa, pa ge. Ju lie, a chè ve, sa, gar ni tu re. A dol phe, plu me, Pier rot. Fré dé ric, tache, sa, cra va te. Jo sé phi ne, brode, le, sac, ro se. Le, su cre, se ra, cro qué.

Que, di ra, pa pa, de, ma, lec tu re? Que, Li sa, a, é té, sa ge.

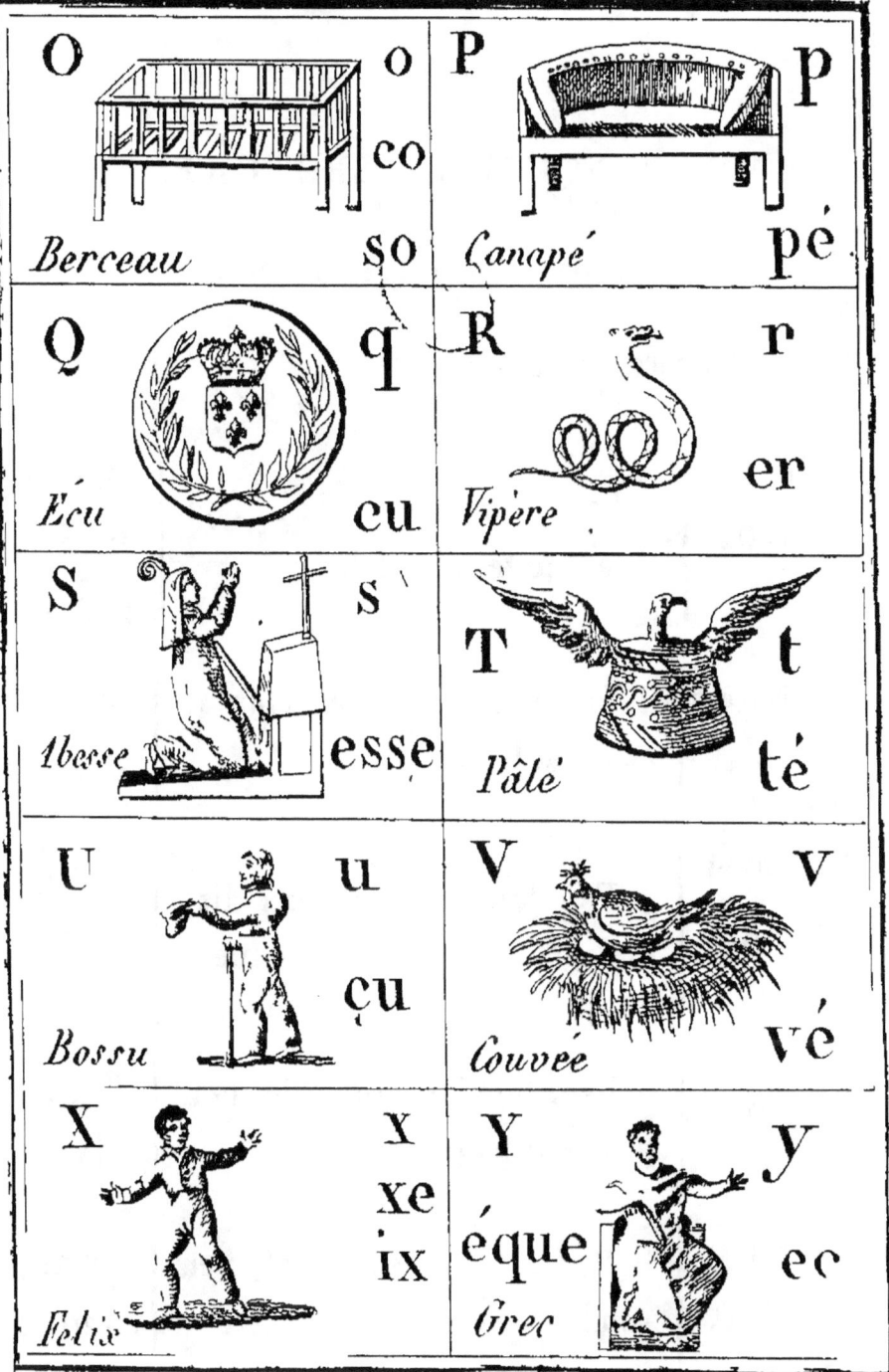

CINQUIÈME LECTURE.

Des Diphtongues, etc.

Comparer aux gravures.

fouet **ai**	Fai re, mai re, pla ire, je li rai, je fe rai, je di rai.	flai brai grai
berceau **au**	Pau vre, mau ve, Mau ri ce, Pau li ne.	clau drau
enfant **an**	Fan fan, lan ce, ban dit, man ger, lan cer, fan tô me.	pran cran blan
am	Bam bo che, lam bris, lam pe, cam pa gne.	flam clam
feu **eu**	Peu, feu, jeu, mal heu reux, yeux.	preu fleu
berceau **eau**	Beau, ri deau, peau, flam beau, ra deau.	creau treau

enfant en	En fan ce, en co re, ren dre, en ten du.	pren clen
em	Em pi re, em blê me, sem bla ble, rem pli.	clem trem
fouet è ei	Pei ne, rei ne, vei ne, sei ne.	plei trei
raisin ein	Teint, sein, feint, pein dre, cein tu re.	plein frein
fouet è et	Jar di net, mi net, bos quet, cor net.	tret prêt
è est	Les, des, mes, tes, ses, il est, c'est.	ples
é ez	Ai mez, chan tez.	grez
raisin in	In vi te, vin, fin, car lin, jar din.	trin clin
im	Im bé ci le, im pie, tim bal le, sim ple	brim plim

ien	Rien, bien, tien, lien.	chien
oi	Toi, moi, loi, boi re, foi re, na geoi re.	croi bloi
poing oin	Foin, loin, soin, poin tu, join dre.	groin broin
ou	Jou jou, sou, cou, pou let, cou plet.	trou glou
on om	Bon, son, mon, pon, car ton, tom ber, com be.	tron blom
fouet oit ois	Si, il, vou loit, bu voit, si, je, pleu rois, man geois.	
un um	Un, brun, a, jeun, par fum, hum ble.	
puits ui	Pui, lui, cui, fui te, pour sui te, trui te.	

Lecture particulière à expliquer.

Oui,   œuf,   j'eus,   tu eus,
ouï,   eu,   ju,   tu u.

an am en em	pan tin, bam bin, en fan, em bar quer.
in im ain aim	in for tu ne, im bé ci le, pain, faim, tein dre.
au eau	pau vre, peau, ri deau, po vre, po, ri do.
éventail ail aille	sé rail, gou ver nail, tra vail, paille, mu raille, til lac, bi llard, vo laille.
quille ille	fille, co quille, che nille, len tille, fré tille, pé tille.
soleil eil eille	so leil, bou teille, ab eille, trei lle, cor neil le.

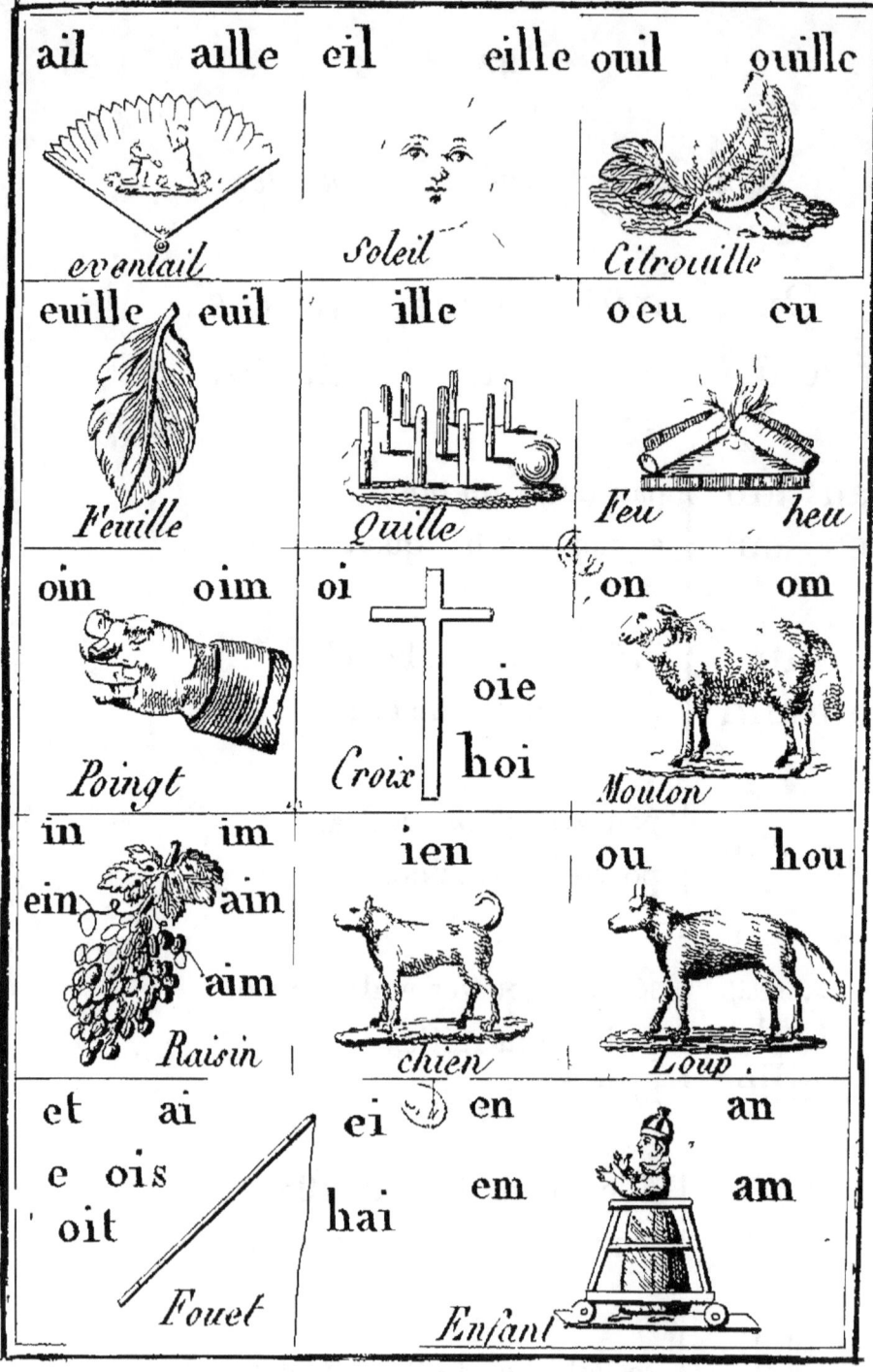

feuille
euil
euille | cer feuil, fau teuil, feuil le, che vreuil.

citrouille
ouille
ouil | que nou ille, ci trou ille, pa' trou ille, fe nou il.

œil, œuf, bœuf, cœur.

~~~~~~~~

Aux doubles lettres, n'en prononcez qu'une.

bo nne, co mme, ho mme, do nne,
bo ne, co me, ho me, do ne.

ha nne ton, po mme, co nnu,
ha ne ton, po me, co nu.

a ppar te nir, a ppe ler,
a par te nir, a pe ler.

*L'e muet prend le son d'é ou d'è, devant
double* ss *et* tt.

sa ge sse, i vre sse, pa re sse,
sa gé sse, i vré sse, pa ré sse.

ser vie tte, cu ve tte, four che tte,
ser vié tte, cu vé tte, four chè tte.

jeu ne sse, pro me sse, pou le tte,
rou le tte, mi ne tte.

∿∿∿∿∿∿

Le second double c, *prononcé comme* s,
devant i *et* e.

ac ci dent, oc ci dent, oc ci re,
a que ci dent, o que ci dent, o que
   ci re.

ac cent, ac cès, suc cès.
ac ca bler, ac com mo der,
ac cor der, ac cou rir.

Différence de double et simple s.

Cou ssin,   cou sin,
poi sson,   poi son,
ba ssin,   ba sin,
ca sser,   ca ser,
em bra sser,   em bra ser.

~~~~~~~~~

Mélange de double et simple s.

Ro ssi gnol, bri ser, po li sson, mu si que, re pa sser, po ser, fo sse tte, vi sa ge.

~~~~~~~~~

*L'*s *après une consonne, comme deux* ss.

Dan se, cor set, cor sa ge, pen sée, pen si on, di men sion.

L'e garde le son muet devant deux ss, *commençant le mot.*

Re ssem bler, de ssus, re ssor tir, re ssor, re ssour ce, re sse me ler.

~~~~~~~~

L'y entre deux voyelles et ï *tréma.*

Bro yé,   pa yé,   jo yeux,   mo yen,
broi ié,   pai ié,   joi ieux,   moi ien,
naï ve,   ha ïr,   hé roï que,
nai ve,   haï re,   hé roi que.

~~~~~~~~

L'e muet nul devant a *et* o.

Beau, veau, man geons, ven gean ce, pi geon, gru gea.

L'x initial, ou précédé d'e initial, a le son de gz.

Exa mi ner (eg za mi ner), exis ter (eg zi ster).

~~~~~~~~

L'x prononcé comme que, se.

Ex trê me, in dex.

~~~~~~~~

Le z.

A zi le, a zur, zè le, on ze.

~~~~~~~~

sc, comme c devant e *et* i.

Sci en ce, scie, sc eau, scè ne, scé lé rat, scè ptre.

~~~~~~~~

ch comme k.

É cho, or ches tre, chré tien,

L'x.

Expliquer ces différens sons.

Ex trê me, in dex, xa vier, ex a men, ex is ter, ta xé, a xe, fi xe, ex hi ber.

~~~~~~~~

Ti *au milieu du mot, ou entre deux voyelles, comme* ci.

Por ti on, na ti on, ré vo lu ti on, mi nu tie, mar tial, par ti al, pri va tion, fac tion, ac ti on, pa ti en ce, mi nu ti eux, sé di ti eux, su per sti ti on.

~~~~~~~~

Ti *initial, ou après* s x, *ou devant l'e muet du féminin, ou une diphtongue, comme* ti.

Ti a re, tien, bas tion, di ges

tion, mix tion, sug ges tion, vous par tiez, le sen tier, ré par tie, sen tie, mé tier, châ tier, je sou tiens, re ti rer, j'ob tiens, mar tyr, nous par tions, por tier.

Double ll *non mouillé après* i *initial.*

Il lu mi né, il lus tre, il li mi té.

Double l *n'est point mouillé, quoique redoublé après* i, *dans ces mots qui font exception à la règle.*

Ar mil lai re, va cil ler, dis til ler, scin til la tion, bil lion, mil lion, ca pil lai re, pil lu le, syl la be, vil le, vil la ge, tran quil le, vau de vil le.

A expliquer les finales t, s, *etc.*, *etc.*, *non prononcées à la fin des mots, parler du pluriel.*

Un a mi, des a mis, un chif fon, les chif fons, le jar din, les jar dins.

∿∿∿∿∿∿

Parler des finales t *et* d, *etc.*

Le chat, la chat te, pe tit, pe ti te, mo ment, rond, ron de, grand, gran de, laid, laide, blanc, blan che.

∿∿∿∿∿∿

Exercices des finales s, t, z, x, d, ts, ds, gts, p, ps, rs, bs, fs, *etc.*

Expliquer que la lettre finale distingue la qualité du synonyme.

L'art de pein dre, du bon lard,

il sort, tu sors, un sort heu reux, ai mez un a ni mal, tu ez des a ni maux, un gour mand, une gour man de, un en fant mé chant, des en fans mé chans, un nid, dou ze nids, un men teur, les men teurs, une clef, des clefs, les plombs, les ha rengs, ma dent, mes dents, le poing de la main droi te, les deux poings, le point et la virgule, un saint, des saints, les fau bourgs Saint-De nis et Saint-Mar tin, un che val, des che vaux, des cha peaux, un étang, les ou tils, les champs sont verds, mon a mie, mes a mies, un liard, trois liards, les vieil lards, qua tre pi geons, deux pou lets, les pet its oi seaux sont jo lis, ils ont bien chan té.

Ent *prononcé comme* e *muet.*

Expliquer l'orthographe du pluriel.

La pe ti te mange, les pe ti tes man gent, ma sœur ai me pa pa, mes sœurs ai ment pa pa, mon en fant saute, mes en fans sau tent, le mar mot pleure, les mar mots pleu rent, cet te pe ti te dan se, ces pe ti tes dan sent, un chan teur chan te, des chan teurs chan tent.

༺༺༺༺༺༺

Exercice de ent.

Les chats crient, ils man gent les rats, les pen sion naires jou ent et par lent beau coup, les rô tis brû lent sou vent quand les cui si niè res dan sent, les é co liers se bat tent et se dé chi rent.

Oient *prononcé comme* è.

Expliquer le pluriel.

Si l'en fant you loit	lè,
si les en fans you loient	lè,
si mon se rin chan toit	tè,
si mes se rins chan toient	tè,
si mon frè re man geoit	gè,
si mes frè res man geoient	gè,
si elle ai moit	mè,
si elles ai moient	mè,
s'il pleu roit	rè,
s'ils pleu roient	rè,

elle dor moit et son geoit au jeu qu'elle fe roit en s'é veil lant, elles dor moient et son geoient aux jeux qu'elles fe roient en s'é veil lant.

Trait d'union, point d'interrogation.

Va-t-on dan ser? Y vas-tu?
S'en va-t-elle? Re vient-elle?
Est-il bien tard? C'est, dit-on,
très-mau vais ; l'o se ra-t-on?
Faut-il ve nir? Ont-ils vu?

Liaison des mots.

Un ha bit en é tof fe.
un na bit en né to fe,
un a mi tou jours ai ma ble,
un na mi tou jours ai ma ble,
les en fans ont-ils été sa ges,
les zen fans zon til zé té sages,
ve nez i ci, res tez-y en at ten dant,
ve nez zi ci, res tez zi en nat ten dant,

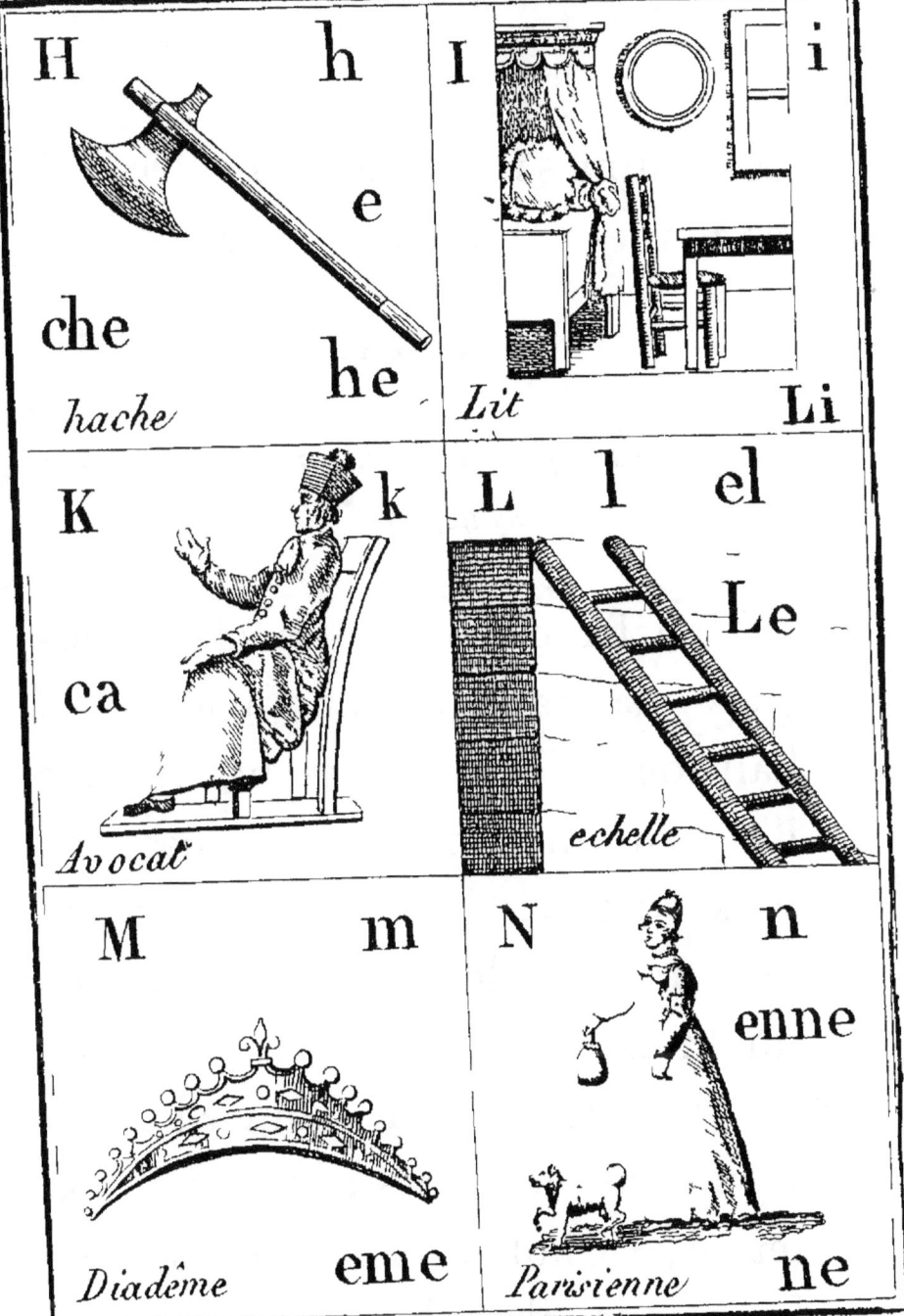

les ho mmes i gno rent en co re.
les zo mes i gno re ten co re.

⁓⁓⁓⁓⁓⁓

On ne fait pas de liaisons devant l'h aspiré.

Une ha che, un ha chis, des yeux ha gards, une haie, des hail lons, je hais, des ha lle bar des, un ha meau, les ha nne tons, des ha ri cots, ma har pe, les ha sards, des hé ros, je heur te, un hi boux, des traits hideux, un ho chet, un homard, en Hon grie, les hu ssards, ma hou let te, sa hot te, son haus se col, le ho quet, il est hon teux.

*Liaisons de l'*h *non aspiré.*

Les his toi res, des heu reux, les hommes, il est ha bile, un hor loge, les habits, des habitans, mes ha bi tu des, des fines herbes, mon hé ri ta ge, deux her mi tes, les hui ssiers, un ho nnê te ho mme, les hô pi taux, son hos tie, ses hum bles ser vi teurs, les saintes hui les, les hu mains, il est hu mi de, ils sont hu mi liés.

On ne lie pas les consonnes suivantes.

Plomb à vendre, jonc en tre la cé, nœud à faire, laid à faire peur, clef arran gée, cerf agile, ba bil insupportable, ou til à prendre, pouls agité, il est saoul (ou soul) à dor mir, loup affa mé, champ à cultiver, Nantes a souffert, Jacques est par ti, Charles arrive.

~~~~~~~~~

On lie le d *comme le* t *final.*

Il perd à quitter, il mord à l'ha me çon, grand homme, il prétend arriver, il se morfond ici, quand on le voit, il se rend à Paris, il vend à bas prix, il descend à l'hôtel, fécond en malice, connaître le fort et le faible.

~~~~~~~~~

Diverses consonnes sonores, nulles accidentellement.

sonores dans   nulles dans

Un porc,   du porc frais,

sonores dans	nulles dans
en bloc,	un bloc de marbre,
vous le voulez *donc*,	vous voulez *donc* partir.
neuf hommes,	neuf personnes,
un bœuf,	du bœuf salé,
	le bœuf gras,
l'œuf,	un œuf dur,
un nerf,	un nerf de bœuf,
le chef,	chef-d'œuvre,
il y en a sept,	sept personnes,
ils sont huit,	huit personnes,
le coq,	coq d'Inde,
cinq,	cinq personnes,
le Christ,	Jésus-Christ,
un lis,	une fleur de lis,
six, dix,	six personnes,
	dix personnes,

*Mots non prononcés selon leur ortho-
graphe.*

Expliquer la prononciation des adverbes, etc.

Ardemment, in dé pen dam‑
ment, pru demment, etc., etc.
femme.

Scul ptu re, promp ti tu de,
comp te, bap tême, sym ptô
me, doig té, vingt, doigt, Mag
de lei ne, au tom ne, dam ner.

~~~~~~~

*Diverses leçons à lire et à apprendre par
cœur.*

Un, deux, trois, quatre, cinq,
six, sept, huit, neuf, dix, onze,
douze, treize, quatorze, quinze,
seize, dix‑sept, dix‑huit,
dix‑neuf, vingt, vingt et un,

sonores dans	nulles dans
en bloc,	un bloc de marbre,
vous le voulez *donc*,	vous voulez *donc* partir.
neuf hommes,	neuf personnes,
un bœuf,	du bœuf salé,
	le bœuf gras,
l'œuf,	un œuf dur,
un nerf,	un nerf de bœuf,
le chef,	chef-d'œuvre,
il y en a sept,	sept personnes,
ils sont huit,	huit personnes,
le coq,	coq d'Inde,
cinq,	cinq personnes,
le Christ,	Jésus-Christ,
un lis,	une fleur de lis,
six, dix,	six personnes,
	dix personnes,

Mots non prononcés selon leur orthographe.

Expliquer la prononciation des adverbes, etc.

Ardemment , in dé pen dam- ment , pru demment , etc. , etc. femme.

Scul ptu re, promp ti tu de, comp te , bap tême , sym ptô me , doig té , vingt , doigt , Mag de lei ne, au tom ne, dam ner.

∽∽∽∽∽∽

Diverses leçons à lire et à apprendre par cœur.

Un, deux, trois, quatre, cinq, six, sept, huit, neuf, dix, onze, douze, treize, quatorze, quinze, seize, dix-sept, dix-huit, dix-neuf, vingt, vingt et un, vingt-neuf, trente, trente-neuf, quarante, quarante-neuf, cinquante, cinquante-neuf, soixante, soixante-neuf, soixante-dix, soixante-dix-neuf, quatre-vingts, quatre-vingt-dix-neuf, cent.

Il y a sept jours dans la semaine, qui sont : lundi, mardi, mercredi, jeudi, vendredi, samedi et dimanche.

Quatre semaines font à peu près un mois; les mois sont composés de trente ou trente et un jours.

Il y a douze mois dans l'année,

qui sont : janvier, février, mars, avril, mai, juin, juillet, août, septembre, octobre, novembre et décembre.

∿∿∿∿∿∿

Il faut cent ans pour faire un siècle.

∿∿∿∿∿∿

On compte quatre saisons dans l'année, qui sont : le printemps, l'été, l'automne et l'hiver. Le printemps est du vingt mars au vingt juin ; l'été, du vingt juin au vingt septembre ; l'automne, du vingt septembre au vingt décembre ; et l'hiver, du vingt décembre au vingt mars.

∿∿∿∿∿∿

On compte quatre éléments,

qui sont : l'eau, l'air, la terre et le feu.

~~~~~~~~

On compte trois règnes naturels : le règne animal, le règne végétal, et le règne minéral.

~~~~~~~~

Le règne animal comprend tout ce qui vient des animaux, tels que la peau, la laine, les plumes, etc., etc.

~~~~~~~~

Le règne végétal comprend tout ce qui vient des plantes, ou produit de la terre, tels que les fruits, les légumes, le bois, le blé, le vin, etc., etc.

Le règne minéral comprend tout ce qui vient du sein de la terre, comme les pierres, le fer, l'or, l'argent, etc., etc.

~~~~~~~~

Nous avons cinq sens : la vue, par nos yeux, l'ouïe, par nos oreilles, le goût, par notre bouche, l'odorat, par notre nez, et le toucher, par nos mains.

~~~~~~~~

Il y a plusieurs sortes d'animaux ; on les a divisés en cinq classes différentes : les quadrupèdes, qui sont ceux qui ont quatre pieds ou pattes, tels que les chats, les chevaux, etc.

Les oiseaux, qui ont des plumes et deux jambes.

～～～～～

Les poissons, qui vivent dans l'eau et n'ont que des nageoires.

～～～～～

Les reptiles, qui rampent sans autre secours que leur corps, tels que le ver, le serpent, etc.

～～～～～

Les insectes, tels que les mouches, les papillons, hannetons, puces, araignées, etc., etc.

PRIÈRES DU MATIN.

Au nom du Père, du Fils et du Saint-Esprit. Ainsi soit-il.

Mon Dieu, qui êtes présent partout, et savez tout, je vous adore de tout mon cœur, et je vous remercie de m'avoir donné la vie, et de me l'avoir conservée cette nuit.

Notre Père qui êtes aux cieux, que votre nom soit sanctifié, que votre règne arrive, que votre volonté soit faite en la terre comme au ciel : donnez-nous aujourd'hui notre pain de chaque jour, et pardonnez-nous nos offenses comme nous les pardonnons à ceux qui nous ont offensés, et ne nous laissez point tomber en tentation, mais délivrez-nous du mal. Ainsi soit-il.

Je vous salue, Marie, pleine de grâces, le Seigneur est avec vous; vous êtes bénie entre toutes les femmes, et Jésus le fruit de vos entrailles est béni.

Sainte Marie, mère de Dieu, priez pour nous, pauvres pécheurs, maintenant et à l'heure de notre mort, Ainsi soit-il.

Sainte Vierge, qui êtes ma bonne mère, prenez-moi pour votre petite fille, ou petit fils, et faites-moi la grâce d'être toujours bien sage. Mon bon ange et mon saint patron, je vous aime et vous révère; priez Dieu pour moi, afin que je devienne aussi sage que je dois l'être.

Mon Dieu, conservez la santé de   , recevez mon cœur, et prenez-moi sous votre sainte protection. Au nom du Père.

———

PRIÈRES DU SOIR.

Mon Dieu, je vous remercie de m'avoir conservé cette journée; je vous demande pardon des fautes que j'ai commises; j'en ai un extrême regret, et le plus grand désir de m'en corriger; faites-moi la grâce d'y parvenir.

Notre Père, etc.

Je vous salue, Marie, etc.

Je crois en Dieu, le père tout puissant, le créateur du ciel et de la terre, et en Jésus-Christ, son fils unique, Notre-Seigneur, qui a été conçu du Saint-Esprit, est né de la vierge Marie, a souffert sous Ponce-Pilate, a été crucifié, est mort, a été enseveli, est descendu aux enfers, et le troisième jour est ressuscité des morts, est monté aux cieux, est assis à la droite de Dieu, le père tout-puissant, d'où il viendra juger les vivans et les morts.

Je crois au Saint-Esprit, la sainte Église catholique, la communion des saints, la rémission des péchés, la résurrection de la chair et la vie éternelle. Ainsi soit-il.

Je confesse à Dieu tout-puissant, à la bienheureuse Marie,

toujours vierge, saint Michel archange, saint Jean-Baptiste, aux apôtres saint Pierre, saint Paul, et tous les saints, et vous, mon père, de prier pour moi, parce que j'ai beaucoup péché par pensées, par paroles, par actions, par omissions. C'est ma faute, c'est ma faute, c'est ma très-grande faute; c'est pourquoi je supplie la bienheureuse Marie, toujours vierge, saint Michel archange, saint Jean-Baptiste, les apôtres saint Pierre, saint Paul, et tous les saints, et vous, mon père, de prier pour moi le Seigneur notre Dieu.

Que le Seigneur tout-puissant et tout miséricordieux nous pardonne et nous conduise à la vie éternelle. Ainsi soit-il.

Mon Dieu, je vous prie de soulager les âmes qui souffrent dans le purgatoire, principalement celles de mes parens; conservez-moi cette nuit, et faites-moi la grâce de n'avoir aucune autre pensée que celles qui peuvent vous plaire.

Mon bon ange, mon saint patron, je me recommande à vous, et vous prie de veiller sur moi pendant cette nuit.

Sainte Vierge, qui êtes ma bonne mère, prenez-moi pour votre petite fille, et faites-moi la grâce d'être toujours bien sage.

Mon Dieu, conservez la santé de   , recevez mon cœur, et donnez-moi le vôtre. Au nom du Père, etc.

~~~~~~~~

Benedicite, avant le repas.

Mon Dieu, bénissez-moi et la nourriture que je vais prendre. Au nom du Père; etc.

~~~~~~~~

Grâces, après le repas.

Mon Dieu, je vous remercie de la nourriture que vous m'avez donnée, faites-moi la grâce d'en bien user. Au nom du Père, etc.

L'ANGELUS.

Au nom du Père, etc.

L'ange du Seigneur annonça à Marie qu'elle serait mère de Dieu, et elle conçut par l'opération du Saint-Esprit.

Je vous salue, Marie.

Je suis la servante du Seigneur; qu'il me soit fait selon votre sainte parole. Je vous salue, et le verbe s'est fait chair, et il a habité parmi nous.

Je vous salue, Marie.

Et nous avons vu sa gloire, qui est celle du Fils unique du Père. Prions. Répandez, s'il vous plaît, Seigneur, votre grâce dans nos âmes, afin qu'ayant connu, par la voie de l'ange, l'incarnation de Notre-Seigneur Jésus-Christ, nous arrivions, par le mérite de sa croix, à la gloire de sa résurrection, par le même Jésus-Christ, Notre-Seigneur. Ainsi soit-il.

Au nom du Père, etc.

———

DE L'HISTOIRE.

L'histoire est le récit des événemens ou actions dignes de mémoire. On la divise en deux parties : l'Histoire sainte, et l'Histoire profane.

L'Histoire sainte est celle qui a rapport à la religion, aux choses sacrées ; et l'Histoire profane, celle qui a rapport à un seul pays, comme l'Histoire romaine, l'Histoire de France, etc., etc.

HISTOIRE SAINTE.

Dieu a toujours été et ne finira jamais. Il peut tout ce qu'il veut. Il voit tout, entend tout, et sait tout ce que nous pensons.

∼∼∼∼∼∼∼

C'est Dieu qui a tout fait : il créa le monde en six jours ; ensuite il forma le premier homme et la première femme. Le premier homme se nommait *Adam*, et la première femme *Ève*. Dieu les plaça dans le paradis terrestre.

∼∼∼∼∼∼∼

Le paradis terrestre était un jardin délicieux, où l'on avait tout ce qu'on pouvait désirer. Dieu avait seulement défendu à Adam et à Ève de manger des pommes d'un seul arbre ; c'était pour éprouver leur obéissance.

~~~~~~~~

Le démon prit la forme d'un serpent, et excita Ève à manger de ce fruit défendu ; elle en fit aussitôt goûter à son mari. Alors Dieu les chassa du paradis terrestre ; ils furent forcés de travailler pour se nourrir, se loger et se vêtir.

~~~~~~~~

Adam et Ève eurent des enfans, dont l'un, qui se nommait Caïn était méchant et jaloux ; et un autre, qu'on appelait Abel, qui était doux sage et obéissant. Caïn tua son frère par jalousie; il fut maudit de Dieu et de son père, et toujours malheureux.

~~~~~~~~

Les hommes, en se multipliant, devinrent méchans. Dieu, pour les punir, fit pleuvoir quarante jours et quarante nuits; c'est ce qu'on appela le déluge. Ce déluge inonda la terre; mais, comme Noé et sa famille avaient été bons, Dieu dit à Noé de construire une arche dans laquelle il fut sauvé avec sa femme et ses enfans, ainsi qu'une couple de chaque espèce d'animaux.

Les descendans de Noé ne se maintinrent pas dans la voie de la vertu. Dieu voulut alors se former un peuple particulier, dont Abraham fut le père.

~~~~~~~~

Dieu, voulant éprouver la foi et l'obéissance d'Abraham, lui ordonna le sacrifice de son cher fils Isaac ; mais un ange lui arrêta le bras au moment qu'il allait l'immoler. Isaac fut le père de Jacob, nommé aussi Israël. Jacob eut le droit d'aînesse pour un plat de lentilles qu'il céda à son frère Esaü.

~~~~~~~~

Joseph, un des douze fils de Jacob, fut vendu par ses frères ; il fut conduit en Égypte, s'y rendit utile au roi, dont il devint le favori. Il pardonna à ses frères ; les fit venir en Égypte avec leur père et toute sa famille.

∼∼∼∼∼∼∼

Un roi d'Égypte craignant que les descendans de Jacob ne se rendissent trop puissans, les chargea de travaux pénibles ; mais Dieu eut pitié de son peuple ; il envoya Moïse pour le délivrer ; il y parvint avec peine, après avoir fait plusieurs miracles.

∼∼∼∼∼∼∼

Ce fut sur le mont Sinaï que Moïse fit connaître aux Israélites les lois de Dieu, qui sont les dix commandemens, dont les principaux nous ordonnent d'adorer Dieu, d'honorer notre père et notre mère; de ne jamais mentir; d'aimer notre prochain, de ne lui point porter envie, et qui nous défend de lui dérober ce qui lui appartient.

~~~~~~~~

Les Israélites furent d'abord gouvernés par des juges, ensuite ils voulurent avoir des rois : le premier fut Saül ; le second David, dont le sauveur du monde devait naître de la race. Il était attendu sous le titre de Messie, ou le Christ, roi, fils de David.

~~~~~~~~

Quand le temps marqué par la

miséricorde de Dieu fut accompli pour donner le sauveur promis, l'ange Gabriel vint annoncer à la vierge Marie qu'elle serait mère du rédempteur.

La sainte Vierge alors se rendit à Bethléem, avec Joseph, son époux; et ce fut dans une étable que le fils de Dieu, qui était Dieu comme son père, vint au monde pour y souffrir, et par ses souffrances, expier une partie de nos péchés, et en obtenir le pardon.

Peu de jours après sa naissance le fils de Dieu fut circoncis, c'est-à-dire, reçut le nom de Jésus, qui veut dire Sauveur.

Des mages ou rois vinrent ensuite de l'Orient pour adorer le fils de Dieu, fait homme; ils l'appélaient le roi des Juifs. Hérode en fut alarmé, et fit mourir tous les enfans mâles de Bethléem ; mais saint Joseph emmena Jésus en Égypte, avec sa mère. Ils y demeurèrent jusqu'à la mort d'Hérode, puis ils revinrent à Nazareth, où Jésus vécut inconnu jusqu'à l'âge de trente ans, travaillant avec Joseph, qui passait pour son père, et qui était charpentier.

~~~~~~~~~~

A cette époque, Jean, grand prophète, vivait dans les déserts, et baptisait, c'est-à-dire, lavait, dans le Jourdain, qui était un fleuve, ceux qui voulaient se purifier de leurs péchés. Jésus vint se faire baptiser par lui ; saint Jean dit alors : voilà l'agneau de Dieu qui ôte les péchés du monde. La loi a été donnée par Moïse ; la grâce et la vérité sont venues par Jésus-Christ.

~~~~~~~~

Jésus eut ensuite bien des souffrances ; il fut persécuté par les Juifs, trahi par un de ses apôtres nommé Judas ; renié par saint Pierre ; condamné par Pilate à être crucifié. Il mourut sur la croix un vendredi, et puis il ressuscita le troisième jour après sa mort.

Quarante jours après sa mort, Jésus monta au ciel; dix jours après il envoya son Saint-Esprit à ses apôtres, qui prêchèrent l'Évangile, ainsi que les principes de notre religion, institués par Notre-Seigneur Jésus-Christ, et qui sont expliqués dans le catéchisme que l'on doit s'empresser d'apprendre.

PRINCIPAUX DEVOIRS

DES ENFANS.

Il faut aimer Dieu plus que toute chose, parce qu'il est le créateur et le maître du monde, et qu'il nous comble chaque jour de bienfaits.

Il nous a tirés du néant pour nous faire jouir de la vie, et nous donner une âme qui ne mourra jamais. Quel présent plus magnifique pouvions-nous recevoir ?

Il faut rapporter à lui toutes ses

actions et ses pensées ; le prier le matin et le soir, avant et après ses repas.

Après Dieu, nos père et mère sont ce qu'il y a de plus sacré pour nous : nous leur devons la plus entière obéissance et le plus profond respect.

Comme ils se sont sacrifiés pour nous, pendant notre enfance, nous devons faire tous nos efforts pour rendre leur vieillesse heureuse.

Respectez les vieillards et vos supérieurs ; écoutez leurs conseils, et conduisez-vous de manière à mériter leurs éloges.

Aimez votre prochain comme

vous-même : nous sommes tous enfans de Dieu; nous sommes tous frères; nous avons reçu la même vie; la même mort nous attend, et l'immortalité est un héritage que Dieu nous a préparé à tous.

Mangez votre pain avec les pauvres et avec ceux qui souffrent la faim, disait le saint homme Tobie à son fils; partagez vos habits avec ceux qui en manquent. Donnez l'aumône du bien que la Providence vous accordera; ne détournez jamais les yeux à la vue des indigens; c'est le moyen de fixer sur vous les regards du Seigneur. Soyez charitable selon votre pouvoir : si vous avez beaucoup, donnez beaucoup; si vous avez peu, donnez volontiers le peu que vous aurez. En agissant ainsi, vous amassez pour vous-même, et vous vous faites un trésor pour le temps de la nécessité. C'est l'aumône qui expie le péché, qui délivre de la mort, et qui préserve l'âme de l'horreur des ténèbres. L'homme charitable pourra se présenter avec confiance au tribunal du souverain juge.

Si vous avez jamais des serviteurs, ou si quelqu'un a travaillé pour vous, payez leur salaire avec exactitude, et que la récompense du mercenaire ne reste jamais dans votre maison.

On sème au printemps pour recueillir en automne ; faites de

même : travaillez pendant que vous êtes jeune, et dans l'âge mûr vous jouirez du fruit de votre peine.

Vous entrez dans la vie : vous êtes le maître de la réputation que vous devez acquérir : voyez si vous voulez être compté parmi les gens de bien, ou parmi les malhonnêtes gens. Cela dépend de vous : mais il faut commencer de bonne heure, car quand une fois on a fait de ces fautes, qui ont donné une mauvaise idée de nous, il faut bien des années de vertus pour faire revenir le public sur notre compte.

Au surplus, pour toute votre conduite dans ce monde, il n'y a que deux règles : vivez avec autrui comme vous voulez que l'on vive avec vous; et vivez avec vous-même comme vous voudrez avoir vécu quand vous paraîtrez devant Dieu

www.ingramcontent.com/pod-product-compliance
Lightning Source LLC
LaVergne TN
LVHW020950090426
835512LV00009B/1815